Holger Scheerer

TAUMEL

© Holger Scheerer, 2013/2015
Herstellung und Verlag:
Books on Demand GmbH, Norderstedt
ISBN 978-3-73-861135-9

TAUMEL

Gedichte

„*Es ist nötig, die niedere Stufe zu finden,
auf der wir wirklich stehen können,
wo wir nicht taumeln.*"

Friedrich Nietzsche
Nachgelassene Fragmente 1869/74

PROLOG

Die rechte Zeit wird kommen!

Wann?

Wann kommt sie denn,
die rechte Zeit,
bessere Zeit,
oder ist sie schon verschlafen?

Ist die Kraft verbraucht,
der Glaube an sich selbst verflogen?

Darf man ruhig einmal
zwei Schritte zurück tun,
um dann umso gewaltiger
drei Schritte zurück zu tun?

Erfährt jeder einmal
das Gefühl des Triumphes oder
gibt es ewige Verlierer?

Ist es nur ein böser Geist,
der ausgehaucht zu haben scheint,
ein utopisches Lügengehäuse,
welches zu kurze Stelzen bekam?

Scheint es angenehmer,
sich mit Illusionen abzufinden,
als sich Gedanken zu machen
über deren Verwirklichung?

Verwirklichung von Illusionen?
Führt man noch zu Ende,

was man begonnen hat,
oder springt man ab,
sobald der Zug langsamer wird?

Die Frage,
wo etwas hingeht,
wenn man nicht weiß,
woher es gekommen ist,

sinnlos oder unabwendbar?

TAUMEL

Ach, Welt, gestatte mir den wirren Blick,
wie ich erschrak in deiner Nähe
fiel ich zurück in mein Geschick,
wo ich mich um mich selbst nur drehe.

Und sink ich dann auf meine Wunden,
mag kein Gedanke sich mehr regen,
weil von ewig Dreh und Fall zerschunden
ganz verstreut ich lieg auf deinen Wegen.

DER PFAD

Wer den Pfad einmal gesehen
weg in eisiges Erschauen,
muss verlieren und begehen,
dem senkt sich das Vertrauen.

Wer diese Schritte unternommen,
hört dem Leben stets erschlagen zu,
vergeht erschüttert und benommen,
findet nimmermehr zur Ruh.

ALTER OLIVENBAUM, FRÜCHTETRAGEND

Den Stamm schon ganz zerfressen
steht der Baum jahrtausendalt,
von Sturm und Brand vergessen
als Greis in einem jungen Wald.

Obschon vom Getier gequält
der Leib sein Innerstes entblößt,
von Früchtebildung bleibt beseelt
die Wurzel, die den Stein durchstößt.

MAHNUNG

*„Was unsterblich im Gesang soll leben,
muss im Leben untergehn."*
Friedrich Schiller

Manchmal scheint mir der Verdacht,
wir lebten in zwei Welten,
die eine liegt in dunkler Nacht,
die andre lässt nur Helles gelten.

Und mir ist es nicht bewusst,
welche mehr die meine ist,
nur eines hab ich früh gewusst:
das Dunkel oft die Helle frisst.

Ich weiß noch, wie es mir gelacht:
Die Seele kennt kein Vergessen;
der helle Geist, der dich bewacht,
ist nicht nur von sich besessen.

Sieh, du müder Traumbewahrer,
gefangen hält dich deine Welt,
im Sturm der Bilder Seebefahrer,
im Leben stolz der Kahn zerschellt.

VERSUCH ÜBER EINE BRIEFMARKE

Auf alle meine Post klebe ich neuerdings die Marke:
"Keine Gewalt gegen Frauen" -
was aber hilft denn sonst
gegen ihre Liebe ?

DER KRITIKER AUF SEINEM THRON

Der Kritiker, zwei Seelen wohnen ach in seiner Brust,
befindet sich an diesem Morgen auf dem Redaktionsabort
in einem schweren Kampf; auf der einen Seite
die eigene unbezwingbare Genialität,
auf der andern die anale Verkrampftheit
des unglücklichen Deutschen.

Sein Atem geht schwer,
er stöhnt und seufzt wie
schon lange nicht mehr:
die Muskeln sind gespannt
vom einsamen Ringen.

Ein Furz - und die Erlösung:
Dem hab ich's aber heut gegeben!

BERICHT VON DER UNFALLSTELLE

Der Patient verstarb noch
an der Unfallstelle. Das Verletzungs-
Muster war mit dem Überleben
nicht vereinbar.

DA IST II

da ist die Kälte der ausgefallenen Heizung
da ist der Dreck der verwahrlosten Wohnung
da ist die Zahnbürste mit den abstehenden Borsten
da ist das Gesicht mit der Rasiermessernarbe
da ist der schwarze Vogel mit dem hellen
Schnabel, der wie ein Abflussrohr aussieht
da in der Stille ist das Beben der Verzweiflung.

GEDICHT FÜR EIN ARSCHLOCH

Wenn ich dich so recht betrachte, könnte ich direkt
zu der Ansicht gelangen, du seist ein Arschloch.
Ich meine, du sagst mir, du hättest dir ein Auto
zulegen müssen, um damit zur Arbeit fahren
zu können und zur Arbeit müsstest du fahren,
um das Auto abbezahlen zu können. Und ich
glaube, dass du einfach nur ein Arschloch bist.

ANFECHTUNG SICH AUS DER WIRKLICHKEIT ZU TREIBEN

Als Kind sahst du deinen Totengräber liegend
auf der Erde, einen schwarzen Zylinder auf seinem
verschwitzten Kopf, um seine Gurgel ein weißer Schal,
stumm und trunken - oder tot. Das nächste Mal
wird er besser vorbereitet sein. Sei du es auch.

TOD DER ALTEN KAMERADEN

Ich und der Papst waren die einzigen,
die seit zehn Jahren mit keiner Frau
mehr geschlafen hatten. Jetzt verlässt
mich der alte Knabe. Mein Vater sitzt
bereits im Stock unter meiner Kammer
und singt: Ja, lebt denn der alte Holzmichel
noch, Holzmichel noch, Holzmichel noch,
ja, er lebt noch, er lebt noch, er lebt noch,
ja, aber er lebte nicht mehr lange. Und
ich wusste bislang noch gar nicht, dass
ich meinen Sarkasmus von meinem
Vater habe. Der Allmächtige möge mir
diese Feststellung verzeihen. Jedenfalls
dachte ich in dieser Nacht vor allem
an Harald Juhnke. Ich wiederhole mich
ungern, aber auch dieser alte Knabe
hat mich verlassen, auch noch zur selben
Zeit wie der Papst. Er war der einzige
Schauspieler, der den König Lear auch
noch mit dreieinhalb Promille vollständig
sprechen konnte. Und unter den Lustigen
war er einer der Traurigsten. And the
world should remember *(die Liste der
üblichen Englisch Auto-Korrektur-Einträge
ist nicht verfügbar, dieses Feature ist
im Augenblick nicht installiert. Möchten
sie es jetzt installieren? Hey, Billy, fuck
you, I'm not a number, I'm a free man)*:
He did it and he did it his way. Gleichzeitig
dachte ich aber auch an Silke Scheuermann,
die die zärtlichste Lyrik schreibt von allen.

STATT EINES ABSCHIEDSBRIEFES HINTERLIESS DER HAUPTSCHÜLER ADOLFO SEIN ABSCHLUSSZEUGNIS

Der freundliche und höfliche Schüler ist im Unterricht stets um gute und passende Beiträge bemüht. Großes Augenmerk legt Adolfo auf die Gestaltung seiner Hefteinträge, die er stets sauber und zum geforderten Zeitpunkt erledigt. Mit Hilfestellung bei sprachlichen Hürden und geduldigem Üben kommt der Schüler bei der Erarbeitung neuer Sachverhalte zum Erfolg. Einfache Aufgaben löst er selbständig, wobei er sich auf sein gutes visuelles Gedächtnis stützt. Dazu gehören
das Anfertigen von Nachschriften, Grundrechenarten, Dreisatz-
und Prozentaufgaben. Adolfos anständiges Benehmen und seine ordentliche Arbeitsweise sowie sein Interesse an Sportbekleidung brachten ihm in seinem Verkäuferpraktikum
Lob ein. Sehr gute Erfolge erzielte der Vereinsspieler im Fußball.

WER TRAURIG IST

Wer traurig ist, steckt im Geheimnis und
sammelt Dinge, die er nicht brauchen kann.
Da nutzt die 133-seitige Abhandlung über
das Glück weniger als blaue Tinte. Wer
traurig ist, steckt im Geheimnis und sammelt
Erinnerungen, die er nicht brauchen kann.
Da hilft auch die Zukunft nicht, die irgendwo
grauen soll. Wer traurig ist, steckt im Geheimnis
und sammelt Rätsel, die er nicht lösen kann.

GESPRÄCH MIT BRUDER SCHMALHANS

Was hast du anzubieten, Bruder Schmalhans,
außer im Sommer ein kühles Bett? Soll ich jetzt
die Geschichte weiter schreiben, nur weil du
zu faul geworden bist? Wo soll ich denn da
bitteschön anknüpfen? Zum einen kann ich
dein schwarzes Gekritzel nicht entziffern, ich
schreibe rot. Zum anderen bist du immer so
penetrant der Auffassung, dass freie Rhythmen
in deutscher Sprache nicht ganz unmöglich sind,
außerdem will ich nicht, dass du des Nachts
um mein Haus schleichst und versuchst, die
Nachbarn gegen mich aufzuhetzen. Überfahr
doch das Kindergartenkind, brich dem frisch
Verlobten das Genick, puste den Dachdecker
vom Giebel, lass die Eisenbahn entgleisen
und die redlich Sterbenden zufrieden.

EVA IN DER PRODUKTION

Geistig rege, äußerst kontaktfreudig und selbstsicher auftretend, ist es Eva möglich zu materiell gut gestellten männlichen Personen, insbesondere aus dem Nicht-Sozialistischen Ausland, Kontakte und Intimbeziehungen herzustellen; geistig rege, kontaktfreudig, selbstsicher auftretend, stets gepflegt und modern ausgestattet mit Bekleidung aus dem Nicht-Sozialistischen Ausland, verfehlt dabei ihr attraktives Äußerung seine Wirkung selten auf den kapitalistischen Geist.

SELBSTPORTRAIT, 20. OKTOBER 2007

Mangelndes historisches Bewusstsein,
Rommels Todestag schon wieder verschlafen.
Kotzen vor der eigenen Visage:
mangelndes historisches Bewusstsein,
auch der eigenen Größe,
eher Zurückschaudern, Furcht.
Das Werk der anderen,
ihr Werk der Kleinheit wie der Größe
an sich selbst vollziehen,
versinken im Sumpf; Selbstekel
bei der Vorstellung von Größe
im Zeitalter der Würmer. Vielleicht
etwas weniger zimperlich sein als
der ewige Hamlet-Rommel-Wallenstein;
das ganze Leben Zögern
vor der Geburt.

SELBSTPORTRAIT, 18.06.2012

Man, du bist ganz schön aus dem Leim gegangen,
wohl in letzter Zeit zu viel gesoffen, was?
Die Frisur ist ganz unmöglich, ungepflegt,
schon kahle Stellen auf dem Haupt, dafür unrasiert.
Das Hemd ist definitiv verwaschen.
Das Uhrenarmband schneidet dir ins dicke Fleisch.
Die ausgediente Konfirmandenhose tut ein Übriges,
dass du bei der nächsten Party wieder nicht eingeladen wirst.
Die Schuhe könntest du mal wieder schrubben.
Die Socken sind zweimal schon gestopft.
Ein Haar, an dem ein Popel hängt, wächst aus deiner Nase.
Dein Psychiater hat gesagt, du habest abgebaut.
Und du sollst doch deinen Stuhlgang nicht verheben.
Auf diese Weise hier
gewinnst du nie einen Literaturpreis.

IN MEMORIAM ARCHILOCHUS

Bastard, Sohn einer Sklavin, König
der Sänger, führtest das Vieh zu Markte,
warst geküsst und berätselt unter den Musen,
führtest die Leier und den Speer,
kein unwahres Wort krönte je dein Haupt,
König unter den Sängern, Bezwinger des Weibes,
feiger Held in der Schlacht, Liebling der Musen,
du trugst das Zeichen, von den Wogen verschlagen,
ehrlichster Söldner, zum Kampf verdammt,
zur Kunst erhoben, Sänger und Soldat -
Vater, dir war ein Unsterblicher geboren,
der zog in die Schlacht, um sich zu verwandeln,
der kehrte wieder, um sich zu verwandeln, der sang
und trank und fiel verwandelt unbezwungen,
fiel im Staub unter der Geburt der Tyrannen,
unbezwungen, wie es sein Gesetz befahl.

BRECHT UND BENN

Brecht hasst die Gesellschaft,
in der er lebt.
Benn hasst die Gesellschaft,
in der er lebt.
Brecht und Benn hassen die Gesellschaft,
in der sie leben.

Brecht kämpft:
umsonst.
Benn kämpft nicht:
umsonst.

Der Gesellschaft ist es egal,
wer sie hasst.

LOB DER DIALEKTIK

Brecht spricht das Lob der Dialektik,
die den Naturalismus
überwunden habe.

An Strindbergs Grab standen
12ooo Arbeiter.

BUKOWSKIS GEBET

Ich glaube nicht, dass sie mich noch zerstören können.
Sie kamen zu spät. Mit zu wenig.
Die jungen Blondinen mit ihren engen Spalten kamen zu spät.
Die Kameras kamen zu spät, die schicken Klamotten,
die Moneten, die Literaturpreise.
Die Diners, Cocktail-Partys kamen zu spät, die Huren.
Der Tod kam zu spät. Er kriegte mich nicht.
Die Götter müssen es gut mit mir meinen.

ALFRED DÖBLIN ZUM BEISPIEL

sank an seinem 65. Geburtstag im Exil von Hollywood
auf die Knie, betete den Rosenkranz und
wurde katholisch. Bertolt Brecht und
Thomas Mann hatten gut lachen,
sie hatten die Butterblume nicht ermordet.

EPITAPH FÜR ALBERT EHRENSTEIN

Früher hatte er geschrieben. Als er
das letzte Mal einen Blick ins Tintenfass warf,
lagen darin zwei Fliegen. Ertrunken.

EPITAPH FÜR MAXIM GORKI

Verlorene Seelen, hart
wie Stein: Marsch,
an die Arbeit
ohne Gott.

DES SOMMERS LETZTE ROSE

In memoriam Friedrich Hebbel

So weit im Leben ist zu nah am Tod.
Ich seh des Sommers letzte Rose stehen,
von Licht, Luft, Duft und Bluten rot,
ich sah sie am Hinübergehen.

Es regte sich kein Hauch am heißen Tag.
Ich zog meinen Hut, um mich zu verneigen.
Was diese letzte Rose noch vermag
einem Elendsmann zu zeigen!

Sie blüht so stark, so übervoll,
als könnt sie speichern Wein und Blut;
ich erbracht ihr meinen Wegezoll
mich verbeugend in der Sommerglut.

Dieser letzte Gruß, so musst er sein.
Und so im Vorüberziehen
brannte der Gedanke sich mir ein:
so schön ist kein Kunstwerk je gediehen.

Kein Gemachtes kann hier konkurrieren,
kein von Menschenhand Entfachtes,
noch was in Büchern steht zu studieren,
die Rose ist viel stärker als Gedachtes.

Ich halt sie in Erinnerung für schlechte Tage,
die kommen wie im Herbst der Sturm,
für die Stunden, da ich nichts mehr wage,
vermauert in meinem Pulverturm.

TRINKLIED IN HEBBELS MANIER

Trinkt den Wein, die dunkle Kraft,
die euch durch die Seele fließt;
vergesst den extrahierten Kokasaft,
der euch das Gehirn rausschießt.

Blickt hinab in jenen Grund,
dem alles Leben still entsteigt,
gießt hinab den Rebensaft und
wartet bis der Herr sich zeigt.

Der mit den Flügelschwingen,
der euch trägt an einen andern Ort,
fernab von den beschissenen Dingen
eingeschlossen in ein Zauberwort.

So ganz betrunken liegst du still,
kein Gott kann dich berühren,
den, der sich vollenden will,
wird er nicht zur Nüchternheit verführen.

GEPRIESEN SEI DAS WEIB

Variation auf ein Gedicht von Henrik Ibsen

Sommer im Sinn,
so fuhr ich hin
durch Fjord und Sund,
gehoben das Herz vom Grund.

Des Sängers Gemüt nicht bleich,
der Birke im Frühling gleich;
fern von Nacht und Not
Licht und Saft ist Lebensgebot.

Doch dann kam das Weib.
Und fraß meinen Leib.
Unter Qualen und Lügen
musst ich mich fügen.

Da war mir eisig klar:
das Weib ist sonderbar,
waidwund und verlogen,
doch mich hat`s hingezogen.

Doch wie die Biene hupfen muss
von Kelch zu Kelch, von Kuss zu Kuss,
ging sie von mir fort.
Und sagte nicht ein Wort.

Mein weißer Schwan
zog seine Bahn,
meine Elfe, mein Traum,
wieder allein, alles Schaum.

IN MEMORIAM ERNST JANDL

Dass der Mensch so viel furzen muss,
ist durchaus ein Unbekanntes.
Dass der Mensch nicht nur so viel
furzen, sondern auch scheißen muss,
wem wäre das unbekannt geblieben?

Dass der Mensch so viel scheißen muss,
ist eine stinkende Sauerei.
Aber manche stehen nur auf einem Bein
in der allgemeinen Scheißerei. Und denken:

Dass der Mensch so viel furzen muss,
ist durchaus ein Unbekanntes.
Dass der Mensch nicht nur so viel
furzen, sondern auch scheißen muss,
wem wäre das unbekannt geblieben?

IN DER STRAFKOLONIE

In memoriam Franz Kafka

Der Verurteilte hatte den Kopf niedergelegt
und sah friedlich aus. Der Soldat
putzte mit seinem Hemd die Maschine.

Der Soldat und der Verurteilte schienen
sich miteinander befreundet zu haben.

Kein Misston störte die Arbeit der Maschine.

Ein breites, lautloses Lachen erschien
und verschwand nicht mehr.

HEINER MÜLLER ZUM BEISPIEL

Heiner Müller zum Beispiel
nahm die Brille ab
zum Sterben,
um mehr zu sehen.

MÜLLER-MASCHINE

WENN ALLES GESAGT IST WERDEN DIE
STIMMEN SÜSS
sagte Heiner Müller. Und hatte auch nichts mehr zu sagen.
DIESES JAHRHUNDERT WIRD BESTEHEN AUS
DEM RÜCKZUG AUF KLEINE EINHEITEN
nicht mehr GALILEI, nicht mehr MUTTER COURAGE,
sondern MASSNAHME und BROTLADEN.
WANN TAUCHEN WIR AUF
AUS DEM BÜRGERLICHEN DRAMA
Fest steht schon jetzt, dass wir dasitzen werden
mit runtergelassenen Hosen,
fremd und unerkannt.
ICH TRAGE EINEN ELEFANTEN IM BAUCH
ABER
IST EINE ILIAS MÖGLICH MIT PULVERDAMPF
UND BLEI
DIE KOMMUNISTISCHE PARTEI
HILFT ZUNÄCHST NIEMAND
Der Rückzug auf die kleinen Einheiten bedeutet
Versteinerung.
Wenn die Worte das Konzentrat eines Brühwürfels
annehmen,
wenn sie gefallen sind aus der Schlacht, wenn
sie sich kristallisieren im Topos der Niederlage, dann
stellt sich die Frage, was man eigentlich will
mit einer ROBERTWALSERSEELE
in einer ERNSTJÜNGERWELT.

NAPOLEON ZUM BEISPIEL

hat nie gründlicher seine Zufriedenheit
ausgedrückt, als wenn ihm etwas
gelungen war, womit alle Welt
sich unzufrieden zeigte.

GEDICHT FÜR PARMENIDES

So weit mein Sinn begehrt,
tragen mich die Rosse.
Bevor ihr mich belehrt,
land ich lieber in der Gosse.

So weit mein Sinn begehrt,
tragen mich die Rosse.
Was mich nicht beschwert,
endet als düstre Posse.

So weit mein Sinn begehrt,
tragen mich die Rosse.
So lange mich mein Schicksal nährt,
scheiß ich auf die Bosse.

GEDICHT FÜR PARMENIDES II

Da steht das lichte Tor der Pfade,
da steht das schwarze Tor der Nacht,
da blickt dich an die hohle Frage,
das Herz steht still, der Atem flacht.

Da steht das lichte Tor der Pfade,
du liegst verschüttet auf dem Boden,
da sticht dich etwas in die Wade,
entkommen bist du tausend Toden.

Da steht das lichte Tor der Pfade,
jetzt bist du nach dem Sein gefragt,
auf deiner Zunge klebt die Oblate
und der Wein hat in dir getagt.

Da steht das lichte Tor der Pfade,
und du schüttelst nur den Kopf,
was du schlucken musst, schmeckt fade,
und auf dem Feuer faucht der Topf.

Da steht das lichte Tor der Pfade,
die Stunde schlägt nicht, du bist nicht dran,
dein Leben bleibt die strengste Plage,
bleibst draußen vor dem Tore dann.

Da steht das lichte Tor der Pfade,
da steht das schwarze Tor der Nacht,
da tröpfelt Wahrheit aus einer alten Sage,
bis auch über dich das Weltall lacht.

ZERO HOUR ARTHUR RUBINSTEIN

Was dachte Rubinstein verloren in Berlin,
ohne Hoffnung, ohne Geld, kaum 20 Jahre alt,
mit Paris im Blick, doch unerreichbar fern,
verliebt in eine Frau, die schon verheiratet war,
die Scheidung versprach, das Versprechen brach?
Was dachte Rubinstein verloren in Berlin,
als er sich die Schlinge um den Hals legte,
auf den Hocker stieg und sprang ins Ungewisse.
Der gut geknüpfte Strick riss, er fiel zu Boden,
lachend und im nächsten Augenblick schon
wieder sitzend am Klavier, spielend eine Melodie
von weit her? ICH SPÜRTE GROSSEN HUNGER
UND ALS ICH AUF DIE STRASSE LIEF
WARD ICH WIEDERGEBOREN UNTER
DEM HIMMEL DER TOTEN STADT BERLIN.

ANTON TSCHECHOV ZUM BEISPIEL

Anton Tschechov zum Beispiel
mag nicht so groß gewesen sein wie Maxim Gorki,
aber ein Ende in Badenweiler
hat er nicht verdient.

IST DIE ZEIT AUCH HINGEFLOGEN

In memoriam Ludwig Uhland

Ist die Zeit auch hingeflogen,
die Vergangenheit bleibt nah,
erscheint uns nur wie hingelogen,
wie die Wahrheit sonderbar.

Ist die Zeit auch hingeflogen,
sind wir doch der Zukunft Beute,
erscheint uns nur wie hingelogen,
uns bescheißend um das Heute.

IN MEMORIAM PAUL VERLAINE

Verlaine, du besoffene Sau,
siehst die Schwingen des Teufels genau
wie sie sich niedersenken,
um sich am Menschenrest zu tränken.

Verlaine, du hattest die Gabe
das Böse singend zu machen;
das Gute ist eine Küchenschabe
über die die Zwerge lachen.

Verlaine, du besoffene Sau,
du hast es klar gesehen,
was auf der Wiese scheint im Tau
ist des Daseins ewiges Verwehen.

I THINK I´M GONNA DIE

In memoriam John Wayne

Einmal besuchte ihn der Schauspieler-Kollege Rod Taylor. Da sie beide irischer Abstammung sind, fanden sie alsbald eine Gemeinsamkeit heraus. Und begannen mit dem Trinken. Als die Ehefrau am nächsten Morgen aufsteht, sind die beiden Iren immer noch mit ihrer Lieblingsbeschäftigung beschäftigt. Sie nehmen ein üppiges Frühstück ein, und widmen sich anschließend wieder ihrer eigentlichen Arbeit, ein wenig lauter, ein wenig angeregter, was sich herausstellt als durchaus tagesfüllende Tätigkeit. Als die Ehefrau wieder ins Bett geht, sind die beiden Iren John und Rod immer noch mit ihrer Lieblingsbeschäftigung beschäftigt, ein wenig lauter, ein wenig angeregter. Als die Ehefrau am nächsten Morgen um acht Uhr aufsteht, sitzt nur noch ein Ire am Tisch, der andere hatte kurz zuvor – ein wenig lauter, ein wenig angeregter – das Gebäude verlassen. John hat Zeit für ein Geständnis: I THINK I´M GONNA DIE.

REDE DES WERDENDEN

I.
Die Erfahrung lehrt, dass Menschen auf die Welt kommen ohne Taktgefühl. Dagegen gibt es Menschen, die einen Rhythmus haben. Ihr Herz ist der Hauptakkord, jede Berührung bringt ihn zum Klingen. Das Feuer, das sie beseelt, reißt sie unaufhaltsam hin, ihre eigene Flugbahn ohne irgendeinen Rückhalt zu versuchen. An dieser Stelle wirft der Wortsetzer die Krücke der Kunst hinter sich und wird zu irgendeinem Tier. „Hat hier nicht einer
gut gebrüllt?", fragen sich die Leute, wenn vom großen, dem ach so großen Wortkünstler nurmehr Staub geblieben ist.

II.
Mit dem Ende schlägt die Stunde der Legende: „Wie aus dem Weizenkorn der Brotlaib ward. Halleluja." Es ging ganz geschwind. Aber: Wo kam es her? Da brannte ein Feuer im Fleisch, als das Fleisch seine Haut noch nicht zu Markte trug.
Das Feuer brannte für das Große, das den Menschen überragt.
Worte waren nicht dafür vorhanden, wohl aber eine düstere Ahnung: „Es gibt das Schöne. Und das Gute. Es ist greifbar in jedem Menschen, in jedem Gegen-Stand. Das gibt es."
Also begann die Legende.

III.
Von roher Jugend ganz bedrückt, rang der Jüngling nach Atem. Die anderen, von denen er nichts wollte, wollten was von ihm: Dass er sich kleiner macht. Damit sie ihn mit noch geringerer Anstrengung verachten können. Jenen, dessen Herz nur ein Resonanzboden ist für die Nöte und

die bedrückenden Gefühle seiner Peiniger, deren Wunsch nach Freiheit sich nicht anders mitteilen kann als durch Gewalt.

IV.
Das wahre Menschsein findet sich immer lesbar in den Hinterlassenschaften einer Handvoll Dichter, denen es gelang, die ganze Menschheit für einen kurzen Augenblick ins Bewusstsein der Welt zu reißen. Für eine Millisekunde scheint das Rätsel gelöst. Nach dem Blitz aber, ist die Nacht am dunkelsten. Und die ausgemalten Bilder werden fürchterlicher als die Wirklichkeit, als die Wirklichkeit es je zu sein vermöchte. Denn sie ist blind, schreit um Hilfe, damit überhaupt jemand kommt, der die Furie weckt und sein Leben dafür gibt. Aber was bedeutet dieses dem Dichter, allein mit dem weißen Papier? Die Kriege werden scheinbar anderswo entschieden. Aber jetzt geht es um dieses eine Wort, dieses eine kleine Wort, diesen Vers, diese eine Strophe. Noch während die Bomben fallen und Tausenden das Fleisch von den Rippen sprengen, geht es irgendwo in einem Keller um ein weißes Stück Papier. Die überlebende Mutter hält ihr sterbendes Kind in den Armen und ringt nach Atem, den ihr die Geschichte verweigert, die in den Augen der Herrschaft immer demokratisch und gerecht verläuft. Der Dichter sitzt vor seinem weißen Blatt Papier. Scheinbar geht es bei ihm um gar nichts. Doch ihm geht es um alles. Und wenn er es könnte, wenn seine Verse eine Eintrittskarte sein könnten für das versprochene gütige Land, dann würde er mit den Teufeln selbst um die Seele dieses Kindes würfeln, sein Leben gebend für ein anderes. Die höchste Tat, die einem Menschen offen steht: eine andere Welt zu retten, ein ganzes Leben, eine

ganze Welt. Wen kümmert es, was die nihilistischen Aftergeier dazu sagen, wartend auf ihr Aas.

V.
Es gibt die Kunst. Ja, es gibt sie. Man kann sie im Louvre sehen oder auch im zerbombten Dresden. Auf der anderen Seite, was oft vergessen wird, gibt es den Künstler, der das ganze Zeug erschaffen soll, damit es am guten Ende von einem empfindlichen doch nervenstarken Bildungsbürgertum bedacht werden kann mit Applaus. Mit glühenden Augäpfeln stehen diese Kunstversteher vor dem Werk, heben die Achseln und sagen: „Welch ein Wunder!" „Ich prophezeie ihnen", spricht der Gallerist, „dieser Künstler wird mal ein ganz Großer. Erinnern sie sich meiner Worte..."

ZUR STELLUNG DES THEATERS

I.
Es geht zunächst um das Aufstöbern humanitärer Restbestände.
Die Arbeit ist archäologisch geworden, hat die Historiographie
verlassen. Wenn sich die Frage der Geschichte wieder stellen soll, muss erst festgestellt werden, ob es noch so was wie Menschen gibt, wo es noch so etwas geben kann. Reicht die menschliche Substanz noch zu einer Frage der Geschichte, produziert die Menschheit noch Geschichte, oder hat sie sich
aus diesen Dimensionen verabschiedet, hat sie sie (pseudo)-demokratisch umschifft, oder thront der schwarze Rabe der Zeit bereits über dem Kot der Massen als deren einzig unverkäuflichem Produkt. Frage: WO IST DER MENSCH?

II.
Festhalten an den alten Begriffen? Die Dramatik der neuen Zeit beginnt mit dem Niederbrechen des Alten. Sie findet jedoch ein Menschenmaterial vor, an dem sich etwas Gravierendes vollzogen hat, ein Material, das zwar nach wie vor geschliffen wird, an dem sich aber nichts mehr vollzieht. Eine Masse, die vollzogen wird, schreibt keine Geschichte, sondern wird allenfalls durch die Scheiße derer gezogen, die vorgeben sie zu produzieren, in Wahrheit jedoch nur an ihrer
eigenen Sinnstiftung arbeiten, Theologie statt Geschichte.
Die Tragödie wird hier, künstlich aufrechterhalten, zu einem Vehikel durch die Zeit in der Form unbesetzter Räume mit dem Inhalt humanitärer Restsubstanz, als eine ferne, verblasste Erinnerung an die Möglichkeit von Menschlichkeit.
Tragödie als Erinnerung, Tragödie als Tradierung. Frage:

Ist im Zeitalter der Vermassung Biographie möglich oder nötig, überhaupt wünschenswert, kann darauf verzichtet werden? WOYZECK-DANTON-HAMLET-RICHARD-MACBETH-GUISKARD-HOMBURG-ANTIGONE – möglich oder überflüssig? Ein Fortschreiben der dramatischen
Geschichte wird bedenklich im geschichtslosen Raum. Frage:
Wo ist der gute alte Krieg hingekommen? ES GIBT KEINEN
HELDEN MEHR, NUR NOCH CHOR. Von einem Theater
der Biographie zu einem Theater der Massen. Aber die Progression führt konsequent zu Ende gedacht in ein Theater
für Küchenschaben. Es ist schwierig und absurd, nicht unmöglich, aber langweilig, sprachloses Theater für Sprachlose zu machen. Frage: Was ist die Biographie im Zeitalter der Vermassung? Nicht die vermassten Individuen, sondern die Vermassung im Individuum selbst ist das Kennzeichen der Zeit. DIE GESTALT IM ZEITALTER DER AMORPHITÄT, die Form im Fassungslosen: Wo der Gegner, an dem sich die Profile schärfen? Das Theater für Idioten ist bereits weitestgehend verwirklicht. Frage: So weiter oder Festhalten am Begriff der Tragödie und damit an der Möglichkeit des Menschen? Als eine Erinnerung? Zu erwarten ist von den Menschen nichts mehr, die Substanz ist ausgeloht, wird von einigen Bürgern noch eine Weile als Phraseologie weitertransportiert. Denkbar immerhin bleibt eine junge Generation, die die bürgerliche Rasse einfach von der Bühne fegt, nicht durch Aufmärsche, Fahnen, Barrikaden und Kanonen, sondern selbstverständlich, zupackend, unideologisch wie der Bauer den Stall ausmistet, der Kehrer die Straße kehrt, die Sekretärin

einen Tippfehler korrigiert. OHNE DIESE PRÄMISSE KEINE
MÖGLICHKEIT FÜR DRAMA. Wünschenswert ist, dass eine junge Generation uns von der Bühne fegt durch Praxis.

III.
Die Geschichte hat in die Windeln gemacht und den Bürger hervorgebracht. Jetzt ist selbst dieser verschwunden, wenn auch noch vorhanden als Ideologie, Ideologie als Abraumhalde.
Grundvoraussetzung für Drama bleibt der Widerspruch. Lässt sich eine Alternative zur herrschenden Wirklichkeit, zum EWIGEN JETZT nicht mehr denken, ist das Drama grundsätzlich in Frage gestellt von innen wie von außen.

IV.
Ein Zeitalter des Verfalls hat sich dem Drama immer als günstig erwiesen, nicht jedoch ein Zeitalter des Zusammenfalls,
des Wegsackens, der Kollabierung durch Kollaboration. Wenn größte Massenteile keinen Widerspruch mehr empfinden
zur Wirklichkeit, weil sie selbst weggesackt, versandet sind, fällt auch die Voraussetzung für Drama – die Kollaboration von Schöpfer und Zuschauer – in sich zusammen. Wenn Geschichte sich amorph vollzieht und nicht mehr gestaltet wird, fällt der Schicksalsbegriff und mit ihm das Drama aus der Geschichte. Wenn sich alles amorph und anonym vollzieht – so wie früher Wasseradern, so jetzt Ströme von Geld – fällt der Begriff der Verantwortung. Mit dem Individuum fällt die Schuld. OHNE DEN BEGRIFF DER SCHULD KEINE TRAGÖDIE. Ohne den Begriff der Schuld kein Widerspruch zur herrschenden Wirklichkeit. Frage: Festhalten am Begriff der Tragödie – oder Kabarett?

KÄFIGMENSCH

In einem Käfig aus Metallgittern sitzt
ein alter Chinese in Hongkong. Er raucht.
Zum Schlafen muss er seine Habe in
Plastiktüten verpacken und draußen
deponieren. Der Chinese schläft einen
unruhigen Schlaf und wendet sich in
der Nacht mehrfach von einer Seite zur
anderen. Dies ist nicht möglich, wenn er
seine Habe in seinem Zuhause aufbewahrt,
da der Käfig nur 2 x 1,5 x 1 Meter misst.
Dafür ist die Miete günstig: 100 Euro im Monat.

VERMISSTENANZEIGE 7. MÄRZ 1969

Wer hat Josef Gaum
allein
oder in Begleitung
seiner Frau
oder seine Frau
allein
gesehen?

Gaum muss irgendwo übernachtet
haben. Vielleicht auch unter einem
seiner Falschnamen Baum
oder Braun oder
Dr. Faun.

Irgendwo
muss er doch geblieben sein?

Aus der Belohnung von
3.000 Mark ist
für sachdienliche Hinweise
noch etwas
übrig geblieben.

DIE EINEN UND DIE ANDEREN

Die einen denken mit,
die anderen nicht.
Die einen sind fit,
den anderen bricht das Genick.

Die einen wissen, wie es läuft,
die anderen nicht.
Die einen wissen nur, wie man säuft
bis verlöscht das Licht.

Die einen haben etwas,
die anderen nicht.
Die einen süffeln Wein vom Fass,
die anderen gehn zur Morgenschicht.

Den einen gelingt das Leben,
den anderen nicht.
Die einen haben was zu geben,
die anderen die Schuldenpflicht.

Die einen haben einen Glauben,
die anderen nicht.
Die einen können sich was erlauben,
die anderen leben schlicht.

Die einen sind ganz liebevoll,
die anderen nicht.
Die einen sind diebestoll,
den anderen bleibt das Kerzenlicht.

Bei den meisten läuft es gut,
bei den anderen nicht.
Die verlieren ihren Lebensmut
von Angesicht zu Angesicht.

Die einen schelten mit dem Dasein,
die anderen nicht.
Die einen haben`s mit dem Wahr-Sein,
die anderen halten lieber dicht.

Die einen glauben an die Sause,
die anderen nicht.
Das Leben ist keine Sommerbrause,
sondern was der Teufel flicht.

Die einen wissen, dass sie`s sind,
die anderen nicht.
Die einen leben blind
fernab vom Sonnenlicht.

Für die meisten gibt es einen Ausweg,
für die anderen nicht.
Für die einen gibt es immer einen kleinen Steg,
für die anderen nur ein Gedicht.

MEIN LEBEN HAT KEINEN PLAN

Mein Leben hat keinen Plan,
das ist das Problem an dieser Sache.
Manchmal seh ich wie im Tran
mich ganz tot, die andern auf der Wache.

Mein Leben hat keinen Plan,
das ist der Kernpunkt dieser Sache.
Ich wünschte mir noch einen Wahn
und dann die Tropfen in der Lache.

Mein Leben hat keinen Plan,
das ist meine Sache.
Manche Dinge sind getan,
die meisten sind noch in der Mache.

Mein Leben hat keinen Plan,
da kann man nichts machen.
Die meiste Zeit ist vertan
und die Tauben lachen.

Mein Leben hat keinen Plan,
ich möchte etwas neueres,
fernab vom Eiterzahn
dem Leben etwas Teueres.

Mein Leben hat keinen Plan,
die Siege stehn noch aus,
ansonsten Sauce ohne Rahm
und einen Widerpart im Haus.

Meinen Leben hat keinen Plan,
ich wünschte eine bessere Sicht.
Die Rosen sind vom Gießen lahm,
und am Ende des Tunnels ist kein Licht.

WENN DU GEDICHTE SCHREIBEN WILLST

Wenn du Gedichte schreiben willst,
da musst du robust sein wie
ein Gewichtheber auf dem Cannstatter Wasen,
es kann nicht sein, dass deine dürren, hinkenden Verse
in dürftiger Zeit auch noch von einem Körper
produziert werden, den schon ein Windhauch verstellt.

Wenn du Gedichte schreiben willst
in dürftiger Zeit, darfst du selbst nicht dürftig sein,
musst Hunger haben wie die Bewohner der Sahel
und einen Durst von sieben Kamelen nach
der Karawane durch den Wüstenglast.

Wenn du Gedichte schreiben willst,
musst du darben; lernen zu gehen weite Strecken
mit der rauen Zunge, die herabhängt bis
zum Versmaß staubiger Sohlen.

Wenn du Gedichte schreiben willst
– aber wer will Gedichte schreiben und
wer braucht diese? – musst du wissen, dass
deine Schuhe zu groß sind für deine Zehen,
die Spuren, die du hinterlässt, zu groß
für deine dürftigen Schritte, dass überall,
wohin du gehst, dich dein lockrer Taumelgang
befördern wird, ohne Ziel und Wiederkehr.

Wenn du Gedichte schreiben willst,
dann sieh dich besser um, was sonst noch
geschrieben steht, stelle fest, dass es oft
Verständiges ist, stelle fest, dass man es
glauben kann. Nimm dir das zum Vorbild,
nicht das Vexierbild deiner Sphinx.

Wenn du Gedichte schreiben willst,
sei verständig, lege deine Ohren in
die Zeit, schaue den Menschen auf die Münder,
ohne Fehl und Tadel berichte, spreche
ihnen wahr. Das Ideale ist gestorben
vor 200 Jahr. Tue dein Mögliches.

DER RAUSCH IST EINE ÜBERSATTE ROSE

Der Rausch ist eine übersatte Rose, die mich küsst,
wenn ich entlanggeh an den Küsten südlicherer Meere,
die Zehen weiß vom Wellenschlag, des sanft gewiegten
Taumels der Gezeiten, rollend aus, brausend aus im
Kieselstrand. Sehr nächtig schwarz durchwandet ist
die Sternennacht kaum zu sehen. Ein, zwei Gefunkel
am Himmel stehen, wolkentrief und nebelblass. Das
Atmen sticht dir die Lungen wach. Kommt der Morgen
hier im Süden wie geschrieben, sanft im weichen
Safrangras mit einem kleinen Falter an der Wange?

ICH SEHE DIESEN SCHWARZEN SAUM

Ich sehe diesen schwarzen Saum
am untren Rand deines Sommerkleids, Priester
von Lalibela. Was hast du unter deiner Robe
versteckt, was die singenden, was die hungernden
Kinder von Lalibela noch nicht wissen?

Im schwarzen Saum deines Kleides
verfängt sich an diesem Abend der Rosenkranz,
verweigert seine leichte Gangart,
verstört sich am Gewebe.

Auch du, Priester von Lalibela, gib es
zu, ganz ungerührt, denkst du jetzt
an den schwarzen Teufel, der unsern
Unschuldskranz verführt?

DER PRIESTER VON LALIBELA

Ich bin der Priester in Lalibela hier,
ich habe nichts mehr zu sagen,
in diesem ausgestorbenen, verlorenen Revier
kann ich mit Gottes Wort nichts mehr wagen.

Ich sehe die Menschen ausgedorrt,
wie sie sterben
von einer Nacht zur andern fort,
fern von Gottes Wort gibt es nur noch Scherben.

Ich ziehe meine kleine Flagge auf
in meiner stillgelegten, verlassenen Mission,
wie ich es immer tat im Lauf
der Zeiten bis zur Endvision.

Mag noch einer kommen,
der hier beten will?
Der Krieg zerstob die Frommen
vom Himmel- in den Teufelsdrill.

Lasst mich nur einfach schweigen
und gegen diesen Himmel sehen,
vielleicht wird sich dort zeigen
ein neues Zeichen mir zum Weitergehen.

DER FISCHER VON LALIBELA

Fischer bin ich hier am Meer
und fahre jeden Tag auf Fang,
doch die Zeit, sie ist versehrt,
lange her als eine Fahrt gelang.

Was soll ich tun in der Bucht,
ich bin schon alt,
das Ende dämmert auf als Flucht,
im Irdischen, da ist mir kalt.

Was soll ein Fischer nur,
der nichts mehr fangen kann,
nichts mit Netz, nichts mit Schnur,
nur ein, zwei Fische dann und wann?

Ich möchte so gern mein Haupt
begraben in dem dunklen Kieselsand,
aber Gott hat's mir nicht erlaubt,
muss weiterfahren bis vor die letzte Wand.

Bis zum Ende spreche ich mir zu
und fleh ins Weite dieses Meers hinein,
dass ich mich endlich betten kann zur Ruh,
wenn noch einen Fang ich bringe heim.

DER SCHLANGENBESCHWÖRER VON LALIBELA

Die Schlange, das Symbol der Gefahr,
ich spiele mit ihrem züngelnden Entzücken,
ich spiele vor der Menschenschar,
die Schlangen können uns von Gott entrücken.

Wer einmal in den Spiegel blickt,
der sieht's ganz unverwunden,
das Bild, das ihn verzückt,
ist nicht von hier, ist von fernen Stunden;

sind von fern, diese Klänge,
die ich auf meiner Flöte spiel,
ich trieb so manchen in die Fänge
mit dieser Tonesleiter ohne Ziel.

Willst du noch weiter steigen
über dieses Schlangenhaus hinaus?
Dann musst du tanzen diesen Reigen
bis zu seinem Endapplaus.

Ich sehe in den Korb der Schlangen,
und was ich seh ist Nacht
für euch und stetes Bangen
bis ihr euch einen neuen Gott erdacht.

DER EINSAME STREITER

Der einsame Streiter
muss immer weiter,
von Kneipe zu Kneipe,
von Scheiter zu Scheiter.

Der einsame Streiter
muss immer weiter.
Nicht immer ist er heiter,
meist gebrochen ist die Leiter.

Der einsame Streiter
muss immer weiter.
Die Straße wird immer breiter,
der Motor bleibt ein großer Reiter.

Der einsame Streiter
muss immer weiter.
Aber ohne sein Stroh
ist auch der stärkste Gaul ein Floh.

Der einsame Streiter
muss immer weiter,
die Stadt mit A., die Stadt mit B.
und in C. nicht mal ein Kanapee.

Der einsame Streiter
muss immer weiter,
wie hier in Weitersheim,
aber Weitersheim, das muss weiter sein…

Der einsame Streiter
muss immer weiter
und immer wieder unterwegs
sind es oft Bohnen, selten Steaks.

Der einsame Streiter
muss immer weiter,
sieh die Sporen doch im Sand
gejagt und gelaufen mit dem Rücken zur Wand.

Der einsame Streiter
muss immer weiter,
auch wenn die letzten Stunden schlagen,
der einsame Streiter wird es wagen.

Der einsame Streiter
muss immer weiter.
Wer kennt ihn nicht,
diesen bösen, einsprechenden Wicht?

Der einsame Streiter
muss immer weiter.
Hoffentlich vergisst er nicht,
das einst auch in ihm brannt das Licht.

Der einsame Streiter
muss immer weiter,
ich wink ihm an der Landesstraße hinterher,
der einsame Streiter geht ohne Wiederkehr.

Der einsame Streiter
muss immer weiter,
wir wollen ihn nicht halten
und seine Wärme nicht erkalten.

Der einsame Streiter
muss immer weiter.
Begegnet er uns noch einmal
im Zweifel zwischen Abendflug und Tal?

ICH LASSE MICH ZU NICHTS MEHR LOCKEN

Manches Herrliche der Welt
ist in Krieg und Streit zerronnen;
wer beschützt und wer erhält,
hat das schönste Los gewonnen.

Noch immer werden Mäntel
durch das Blut geschleift;
noch immer werden mit dem Bändel
die Hälse eingeseift.

Die Welt steht Kopf;
das hast du nun davon,
zum Deckel keinen Topf,
nur den Staatsfeind mit dem Megaphon.

Ich liebe meinen Fernseher;
wenn es draußen wieder kracht,
bin ich der große Fernsteher,
die Nacht vor dem Gerät verbracht.

Ihr könnt mich nicht mehr schocken,
nicht mit Kongo, nicht mit Auschwitz II;
ich lasse mich zu nichts mehr locken,
ich zelebriere meinen letzten Schrei.

WENN DIE LIEBSTE GEHT

Wenn die Liebste geht,
ist schlecht essen.
Niemand, der versteht
und die Welt vermessen.

Wenn die Liebste geht,
lass sie ziehen,
die Liebe, die verweht
wie ein Spleen.

Wenn die Liebste geht,
halte sie nicht auf,
im Sande sich verzehrt
der Liebe Wellenlauf.

Wenn die Liebste geht,
lass sie fahren,
wo sie geht und wo sie steht,
willst du nicht erfahren.

Wenn die Liebste geht,
lass sie gehen,
im hellen Sonnenschein verweht
der Schmerz und das Verstehen.

DOLOMITEN 1915

Wer die Höhen hat,
hat auch die Täler.
Darum gehen alle
auf den Gipfel.

Der aber ist besetzt
vom jeweilig anderen.
Schachmatt
in einem Krieg aus Stahl und Stein.

Wer die Höhen hat,
hat auch die Täler.
Darum gehen alle
auf den Gipfel,

alle
auf den Gipfeln
ein.

TWEEDS

I.
Aus Sternenstaub stammen wir und
werden wieder Sternenstaub. Doch
gibt es nichts was von uns bleibt,
zwischen Sternenstaub und Sternenstaub?

II.
Zuerst war da das große kosmische Ei.
In diesem Ei war Chaos. Und über
dem Chaos schwebte P'an Ku.

III.
Möge Dein Stahl so scharf sein
wie Dein letztes Nein.

IV.
Durch Tropfenflug wird
die Schüssel nicht größer.

V.
Ich stopfte die braune Scheiße
in das weiße Gewand, ging
hinaus und zog ein.

VI.
Minute betrat den Raum,
Nagel war schon da.

VII.
Es ist gefährlich, mit einem offenen
Taschenmesser durch den Wald zu gehen.

VIII.
Kein Weg ist ohne Gefahr.

IX.
Wir suchen überall das Unbedingte
und finden immer nur Dinge.

X.
4 Buchstaben bezeichnen mir Gott.
Ich sitze auf ihnen.

...to be continued...

SENTENZEN

1.
Alle möglichen Leute haben alle möglichen Gedanken. Einige bündeln diese. Man könnte sie als Systematiker bezeichnen. Einige veröffentlichen diese. Man könnte sie als Idioten bezeichnen.

2.
Liebe ist Mangel an Objektivität.

3.
Die Vergangenheit grüßt das Übermorgen.

4.
Der Mann, der nicht mehr spielen kann, ist wie ein Kind ohne Träume.

5.
Der Vorteil der Aufrichtigkeit ist, dass man sich ab und zu eine dreiste Lüge erlauben kann.

6.
Es sind so wenig Seelen in dem Haus.

7.
Wie konntest du es wagen, das Gebirge so einsam zu betreten?

8.
Das Misstrauen ist die schwarze Sucht der Seele.

9.
Blicke nicht zurück, etwas könnte dich einholen.

10.
Gott weiß, es ist ein peinliches Geschäft.

…to be continued…

VERFLOSSEN BRÜCHIG ZERFASERRT

Verflossen, brüchig, zerfasert,
die Wirklichkeit wie Schneegestöber,
wenn sie einmal trifft,
schmilzt sie schnell weg,
hinterlässt keinen greifbaren
Fleck. Wo ist mein Ich geblieben?
Alle guten Dinge liegen auf
der Straße, ruht`s da auch? Was
ich herausgehört habe aus den
Verkehrsmeldungen des Tages
war wenig verständlich. Aber
immerhin scheint es eine Menge
von Dingen zu geben, die nicht
funktionieren. Ein Unfall
hilft uns auch nicht weiter.
Das Ich ist ein Anderer.
Aber das ist ein alter Witz
mit Bart. Und was daran noch
nie klar war, ist die einfache
Frage: Wer ist eigentlich ein
Anderer? So wenig Ich können
wir gar nicht sein, dass wir
schon ein anderer wären.
Die Sache ist verloren.
Aber ihre Trümmer müssten
doch noch sichtbar sein,
Trümmerfelder zwischen Ich
und Ich-ist-ein-Anderer?
Da ich vorläufig nicht weiter
weiß, trinke ich Bier, das mir
mein Arzt verboten hat, und
stiere in die Sterne, die mir
keinen Ratschlag geben.

Aus diesem Grund tue ich das
Naheliegende und fülle
Geburtstagseinladungen aus
für ein Fest, das ich geben will.
Ob da jemand kommt?
Das kann doch nicht die Frage
sein. Die Maschine aus Sylvester,
Ostern, Weihnachtstag muss
am Laufen gehalten werden,
wenn sie uns am Laufen halten
soll. Ich sehe die Sandkörner auf
der Straße zwischen den
Kieselsteinen. Irgendwo, muss
das abgebröckelt sein.
Ein Monolith, ein Ich, ein Einst-Gewesen,
ein Scherbenbrei auf feuchter Straße.
Jemand hat die Ordnung vergessen,
vergessen eine Kehrmaschine einzusetzen
und deshalb liegt es noch herum,
zerbröselt. Was hält uns überhaupt
noch zusammen? Es kann doch nicht
die aufdämmernde Frühjahrsnacht sein?
Der maßgeschneiderte Anzug, der
bei guter Laune zehn Jahre hält,
kann es auch nicht sein, da wir unsere
Klamotten bei C & A von der Stange
kaufen. Aber die Tradition, sie
winkt uns doch herüber? Nur sagt
sie nichts mehr. Aus dem Tal der
Ahnen kommt ein großes Schweigen,
das man auch als gutmütiges Gähnen
interpretieren könnte. Einer ist,
so geht die Sage, der sieht in der
Zukunft immerhin noch ein Gespenst,
nicht eine hohle, leere Blase, der

Glückliche, die ihm Tag für Tag zerplatzt.
Ach, die Zeit, wie rinnt sie hin, wie
wir sie befragen mit steifem Blick,
wie sie fordert unsern Ernst,
den letzten. Ein Krümelchen Sinn
muss doch fallen aus der Zeit?
Doch weit gefehlt, die Frage stellt
sich ins Dunkel ein, das uns nicht
belästigt mit reinem Wein. Auch
verdichtet sich nichts, nichts kristallisiert
sich um einen Kern, alles fließt,
wie`s so schön heißt, das Glück
fließt wohl ungreifbar mit, bleibt
unnahbar fern im steten Strom. Das
Ich muss wohl einen Seufzer tun.

FALSCH IST ES, SICH AN EIN WEIB ZU BINDEN

Moritat nach Henrik Ibsen

Falsch ist es, sich an ein Weib zu binden,
wenn es so viele Weiber gibt.
Es wird sich doch noch eines finden,
das nur den einen liebt.

Doch heute muss man damit rechnen,
dass das Weib bereits zwei andre hat.
Und wir müssen diese Zeche blechen
an Eides statt.

Wo bleibt da die Romantik?
Nun, das ist sogleich erklärt:
Romantik ist ein schneller Fick,
der nicht eben lange währt.

Falsch ist es, sich an ein Weib zu binden,
wenn es so viele Weiber gibt.
Es wird sich doch noch eines finden
fern der Leiber, ausgetriebt.

ICH LIEBE DICH UND FICKE IHN

Ich habe stets zwei Eisen im Feuer,
das ist doch ganz okay,
so verkaufe ich mich teuer
und kriege immer, was ich seh.

Heute muss man mit den Wölfen ziehn,
sonst legt man sich nur selber rein,
ich liebe dich und ficke ihn,
da musst du doch nicht traurig sein.

Ich weiß, wie`s bestellt ist in der Welt,
und mache mir nichts draus,
ich sitz nicht rum wie abbestellt,
spiel für die Katze nicht die Maus.

Ich liebe dich und ficke ihn,
da gibt`s doch gar nichts zu beklagen,
heute muss man mit den Wölfen ziehn,
egal was all die andern sagen.

STÖR-FABRIK

Zu Zeiten der ehemaligen Sowjetunion war der Rogen der Störweibchen am kaspischen Meer ein willkommener Devisenbringer. Doch heute wird der Kaviar immer knapper. Der World Wildlife Fund bezeichnet die meisten der heute noch bekannten Stör-Arten als gefährdet. Überfischung und Wilderei gelten als die Hauptursachen. Die größten Produzenten von Kaviar sind auch heute noch die ehemaligen Sowjetrepubliken Kasachstan, Russland und Aserbaidschan. Hinzu kommt außerdem der Iran. Ein Unternehmer in Fulda macht jetzt mit einer revolutionären Zucht-Idee weltweit auf sich aufmerksam. Beim Unternehmer in Fulda werden die Tiere nicht getötet, sondern erhalten ein vorübergehendes multiples Leben, bis der Gewinn ausreichend abgeschöpft ist. Einmal leben, einmal sterben ist passé, weil es nach ökonomischen Gesichtspunkten viel zu unlukrativ ist. In Fulda werden die Fische also nicht getötet, sondern nur betäubt. Dann wird ihnen der Bauch aufgeschlitzt, und der Rogen wird entfernt. Schließlich wird die Wunde fachmännisch vernäht und der Fisch kommt zurück in sein Becken. Im darauffolgenden Jahr wird die Prozedur wiederholt. Auf diese Weise kann der Fisch bis zu sechs Mal recycelt werden, bevor er seiner endgültigen Bestimmung zugeführt wird und auf dem Speiseteller landet. Störfleisch gilt als sehr schmackhaft und eignet sich gut zum Grillen.

VON DER EINFACHHEIT DAS SCHWIERIGE ZU WOLLEN

Die nicht mehr mitmachen,
treffen sich in einem weißen Raum mit kargen Stühlen, kargen Tischen.
Ihre Zahl ist zahlenlos.

Einer ohne Namen beginnt sich zu erheben und
zu sprechen zu den Namenlosen:
Wir sind tot und namenlos und ohne Zahl.

Der Staat hat uns getötet.
Aber wir kämpfen. Wir kämpfen jetzt.
Das ist einfach,
denn wir sind tot und namenlos und ohne Zahl.

Wir gehen nicht mehr auf den Markt und
verkaufen unsere Gefühle.
Das ist einfach, weil wir keine haben,
denn wir sind tot und namenlos und ohne Zahl.

Sie geben uns einen Namen, an den sie uns binden.
Wir aber geben unseren Pass zurück.
Das ist einfach,
denn wir sind tot und namenlos und ohne Zahl.

Das eine Fischlein frisst das andere und das Wasser ist der Staat.
Wir aber gehen in die Wüste, wo das Wasser verdunstet.
Das ist einfach. Die Sandkörner sind tot wie wir.
Und namenlos und ohne Zahl.

Sie sagen, wenn du das gefressen hast, friss auch noch das andere.
Wir aber hören auf zu fressen.
Das ist einfach,
denn wir sind tot und namenlos und nicht mehr hungrig.

Sie sagen, wenn ihr nicht ruhig seid, dann kommen wir mit dem Gewehr.
Wir aber sind ganz ruhig,
denn wir sind tot und namenlos und ohne Zahl.

DIE TOTEN RUFEN UNS

Die Toten rufen uns,
sie sind uns nah,
luftig leicht wie Hinz und Kunz
stellen wir uns da.

Die Verse zittern,
es hat kein Reim gepasst,
in Stürmen und Gewittern
hat das Leben sich verprasst.

Schwarzer Frack, Sonnenkleid,
Holz für Würmer und für Maden,
niemand weiß, ob Sinn, ob Leid,
das Leben verlor den Faden.

Der Vorhang ist geschlossen,
die Komödianten treten ab,
das Leben steht entschlossen
vor seinem stillen Grab.

BOSNISCHE TOTENKLAGE 1994

Meine geliebte Elmira, deine Mutter
    umarmt dich, mein geliebtes Kind.
        Jetzt bist auch du gestorben, so wie

dein kleiner Bruder auch. Noch gestern
    Abend hast du mich zum Abschied
        geküsst. Als hättest du geahnt, dass

du gehen würdest in den Tod.

REDE DES BOSNISCHEN SOLDATEN 1994

Nach jedem Gefecht
    gehe ich in meinen Garten.
        Ich schneide eine Rose.

Ich gebe sie meiner Frau.
    In mein Haus
        ließe sie mich nicht ein

ohne die Rose.

REDE DES BRITISCHEN SOLDATENS AUF DEM IGMAN 1995

Es hat Spaß gemacht.
    Es war wirklich gut,
        mal wieder schießen zu können.

In letzter Zeit
    passierte hier wirklich gar nichts,
        nur rumhängen und abwarten,
            da staut sich einiges an.

Es war toll,
    als es endlich so weit war
        und wir loslegen konnten.

Unsere Mission hier heisst:
    SCHIESSEN
        FÜR EINEN GUTEN ZWECK.
            Die Stimmung ist klasse.

KLEINES GEDICHT ÜBER DAS STERBEN

Wer stirbt zur rechten Zeit,
   der wird lange bleiben,
      sterben ist ein Zeitvertreib
         und die Erben können erben.

WOHLFEILE DER NICHTIGKEIT

Die Wohlfeile der Nichtigkeit wächst wie Palmen wachsen, gut gedüngt. Man kann auf der Terrasse sitzen, eine Zeitung im Anschlag, die Blüten zählen in den Blumenkandelabern. Dennoch wird wieder einer kommen in den Garten zu pissen, verschandelte Unschuld unter südlicher Sonne. Angenehmer noch als das Sitzen in der Lobby des Supermarktes, ist der gezogene Zahn, der ausgespuckt werden muss, bevor der dritte Weltkrieg beginnt. Die Wohlfeile der Nichtigkeit glitzert wie eine Benzinlache in der Sonne, die langsam verdunstet. In den Blumenkandelabern staut sich das Nichts und trägt schwer an seiner Leichtigkeit. Diesen Zahn werden wir dir schon noch ziehen, sagte der Klempner zu seinem Sohn, als dieser die Hausaufgaben nicht gemacht hatte. Dir, Bürschchen, werden sie den Arsch auch noch aufreißen. Die Wohlfeile der Nichtigkeit plätschert im Hintergrund wie ein sanfter Bach, verrinnend an sein Ziel.

SCHREIBE DEINEN VERS RUHIG OHNE ÜBERZEUGUNG

Schreibe deinen Vers ruhig ohne Überzeugung, er wird dich noch gebrauchen können. Aber wisse auf einem Bein ist schlecht gehn und stehn. Schreibe deinen Vers ruhig ohne Überzeugung, du wirst ihn noch gebrauchen können im Durst der Wüste, schreiend nach Wasser. Aber wisse mit nur einem Mund ist dem Verdurstenden schlecht geholfen, besser zum Trinken sind zwei Münder. Schreibe deinen Vers ruhig ohne Überzeugung, er wird noch zurückfallen auf dich, wenn es ist an der Zeit. Aber wisse, der Rat kommt meist zu spät dem Ratlosen. Und auf einen Rat kann man schlecht setzen, wie nicht auf das Mühlenrad ohne Wasser. Es klappert nicht die Mühle am rauschenden Bach, sondern der Müller mit seinem Fressbesteck ohne Verwendungszweck. Aber schreibe deinen Vers ruhig ohne Überzeugung.

SPRACHKRITIK

Das Grausame am Schreiben beginnt mit der Fragwürdigkeit der Begriffe. Die großen Worte wie Einsamkeit, Hoffnung, Glück, Liebe, Trauer, Jass, Leidenschaft, Gefühl... erweisen sich ihrem Gegenstand nicht gewachsen. Sie sind nur gänzlich individuell entschlüsselbar. Die Einsamkeit hat tausend Augen, auch ist die Liebe etwas anderes für Werther als für Eva Braun. Die großen Begriffe erweisen sich schnell als unbrauchbar, wenn man einmal in die Versuchung tritt, etwas genau bestimmen zu wollen. Viele Dichtung hat gerade dann Angst und bleibt im Vagen, ist deswegen nicht weniger groß zu nennen. Weiterführen kann nur, die Dinge einfach nebeneinander aufzureihen im stumpfen Licht. Falsch war es, als Einheit den Menschen zu begreifen, als einen Standpunkt aufzufassen, von dem die Welt abgeschrieben werden kann. Verdammt doch endlich mal die aus der Kunst die Reflexion. Bis jetzt noch findet sie sich überall, sogar die Musik denkt. Obwohl zu denken erwiesenermaßen sinnlos ist. Wenn auch noch die Empfindung darunter leidet, kann nur noch phänomenologisch vorgegangen werden. Wenngleich schon die Auswahl der Dinge den Gedanken und seine Kümmerlichkeit verrät.

BEITRAG ZU EINER PROLETARISCHEN PHÄNOMENOLOGIE

Der Hass (wenn es nur Gleichgültigkeit wäre) gegen die Kunst und ihre Repräsentanten ist im Volke offensichtlich. Er zeigt sich verlässlich, wenn es ein Künstler in die Medien schafft, mit einem sogenannten Skandalstück, mit privaten Eskapaden oder indem er den Nobelpreis bekommt. In solchen Fällen steht der Pöbel immer Gewehr bei Fuß, während die Gebildeten scheinbare Milde zeigen oder sogar artig Beifall klatschen. Das Bürgertum ist aber die eigentliche Jauche im Rachen der Zeit. Mit seinem Geld kauft es sich von der Wirklichkeit frei und schafft sich sogar Ideale an. Während das proletarische Milieu beiseite steht, bietet es wesentlich größeren Raum für Charakterstudien, dort, wo die Wirklichkeit noch unmittelbar und mit Vehemenz am Wirken ist, unerbittlich, nicht wie schleichendes Gift umhergeht und ohne den Gestank des Geldes an den Fingern.

ZERSTÖRUNG II

Zerstörung,
    sehr weit fortgeschritten
        mit Nebenwirkungen.

Der Feind ist da, Alarm, er kommt!
    Im Rund der Badeanstalt, vor
        den fetten säugenden Müttern,
            trittst du heute in die Schlacht ums
                Nichts, die deine.

Was alles kommen kann aus einem schlechten Fick?
    Die kleine Qual,
        das große Glück.